8
LN27
40913

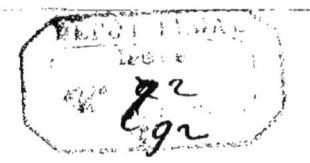

ABRAHAM PATRAS

Gouverneur général des Indes Néerlandaises

ET SA FAMILLE

NOTES BIOGRAPHIQUES ET GÉNÉALOGIQUES

PUBLIÉES PAR

Edmond MAIGNIEN

CONSERVATEUR DE LA BIBLIOTHÈQUE DE GRENOBLE
CORRESPONDANT DU MINISTÈRE DE L'INSTRUCTION PUBLIQUE POUR LES TRAVAUX
HISTORIQUES
OFFICIER D'ACADÉMIE

GRENOBLE
IMPRIMERIE ET LITHOGRAPHIE JOSEPH BARATIER
24, avenue Alsace-Lorraine
1892

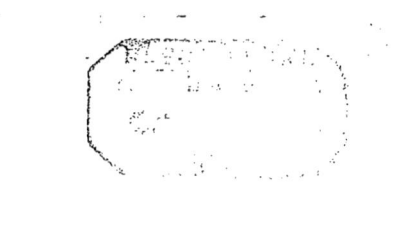

ABRAHAM PATRAS

Gouverneur général des Indes Néerlandaises

ET SA FAMILLE

NOTES BIOGRAPHIQUES ET GÉNÉALOGIQUES

PUBLIÉES PAR

Edmond MAIGNIEN

CONSERVATEUR DE LA BIBLIOTHÈQUE DE GRENOBLE
CORRESPONDANT DU MINISTÈRE DE L'INSTRUCTION PUBLIQUE POUR LES TRAVAUX
HISTORIQUES
OFFICIER D'ACADÉMIE

GRENOBLE
IMPRIMERIE ET LITHOGRAPHIE JOSEPH BARATIER
24, avenue Alsace-Lorraine

1892

TIRÉ A 100 EXEMPLAIRES

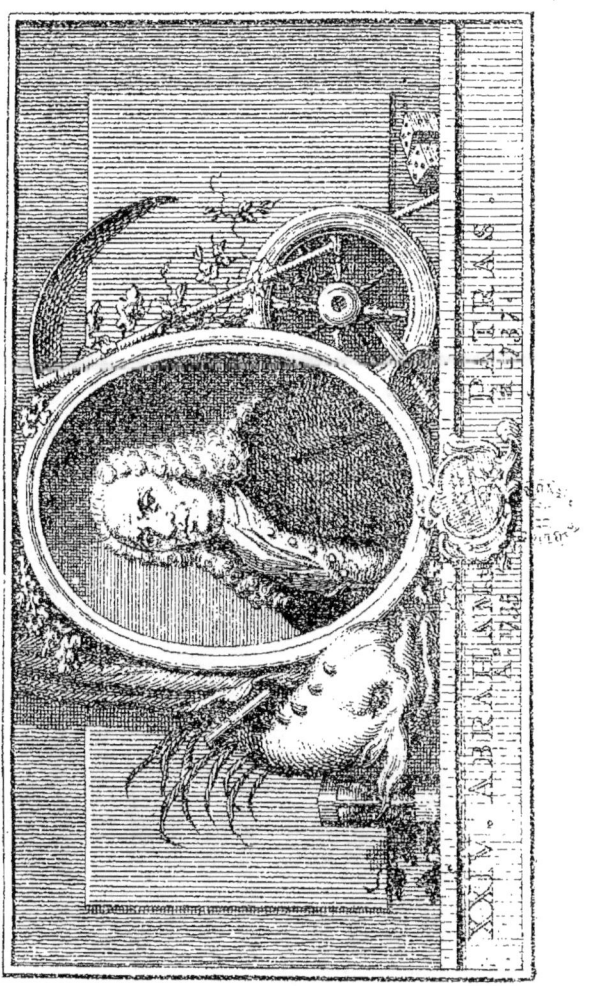

XXIV. ABRAHAM PATRAS 1671

La famille de PATRAS, originaire du Gapençais, d'abord protestante et depuis convertie, a joui d'une grande illustration, et plusieurs de ses membres ont occupé, en Hollande, les premières charges et les plus hautes dignités dans l'état civil et dans l'état militaire. Il serait long d'énumérer tous les hommes éminents, à divers titres auxquels Grenoble a donné naissance ou accordé une gracieuse hospitalité, notre ville s'enorgueillit à bon droit des uns et des autres.

Un de ses enfants, ABRAHAM PATRAS, dont le nom est presque ignoré de nos jours (1), fut obligé de sortir du Dauphiné après la révocation de l'édit de

(1) M. G. Vallier a publié, en 1875, un travail très intéressant intitulé : *Médaille d'Abraham Patras*. (*Revue de Numismatique belge*. T. 31, p. 283-303.)

Nantes; et arriva, par son travail assidu et par son activité, de simple soldat qu'il était, gouverneur général des possessions hollandaises dans les Indes Orientales. Sa famille habitait Agnières en Dévoluy au commencement du xve siècle.

Le premier que nous connaissions de ce nom, est :

I. Reynaud de Patras (de Patrassio), qui fut anobli le 13 décembre 1408, par Aynard et Reynaud de Montauban, seigneur de Dévoluy (1) ; il laissa Pierre, qui suit et Hugues Patras, écuyer, qui fut tué à la bataille de Verneuil en 1424.

II. Pierre Patras, notaire à St-Etienne en Dévoluy, fut compris parmi les nobles de la communauté d'Agnières en Dévoluy, dans une révision de feux, du 18 avril 1446, et fut l'un des témoins de la tran-

---

(1) Armorial du Dauphiné, art. Patras. Voici quelques notes sur une branche de cette famille que nous n'avons pu rattacher à celle qui nous occupe : Pierre Patras vivait en 1458 (d'après Guy Allard), il laissa : Claude, habitant le Dévoluy en 1491, qui suit, et Philippe marié à Catherine de Salsac.

Claude Patras laissa Gabriel, qui s'unit le 28 avril 1538, à Marie d'Oz, de Mens, et Honorat, marié vers 1496 à Delphine N... de laquelle il eut deux fils : Guillaume, qui suit et Michel, co-seigneur de Puy St-Michel, en 1515.

Guillaume épousa vers 1516 Jeanne de Chabestan, fille de Claude, seigneur du Pillon, et de Louise Lombard dont il eut : Jean, écuyer, témoin au mariage de Claude Flotte, écuyer, avec Claude de Moustiers, 1 mars 1544.

On trouve encore Sébastien Patras, châtelain de Veynes en 1561.

Un capitaine du nom de Pierre Patras fut tué en grimpant les murailles à l'attaque du prieuré de Vif 1574. (Mémoires du capitaine Arabin, p. 80.)

saction qui régla les limites des territoires de Veynes, d'Aspres et d'Oze, en 1475. Il laissa deux fils : Gaspard, qui suit et Jacques.

Jacques eut pour fils : Jacques, notaire à Veynes; Louis, chapelain de Veynes, et Gabriel, qui habitait le même lieu en 1530; de son union avec Claudette Blavine, fille d'André, marchand de Veynes, il laissa:

1° Jean de Patras, écuyer, seigneur de Vignes en Champagne;

2° Antoine, qui suit;

3° Joseph qui, le 22 mai 1566, avec Pierre Patras, fils de Guichard et petit-fils de Gaspard, traitèrent au sujet de l'achat d'une maison et de quelques terres situées au mas de la Chaup, appartenant à Guichard Patras, depuis le 23 mars 1534.

ANTOINE PATRAS, seigneur de Gimbrois-les-Provins, officier de la compagnie du connétable, parait dans les rangs huguenots en 1567; il se convertit en 1575. Hatton dans sa chronique (publiée par M. Bourquelot) nous le montre servant de guides aux reitres. Il avait épousé la veuve de Nicolas Janvier, avocat du roi à Provins, et devint, par cette union, seigneur de Marcilly et de Gimbrois (1).

III. GASPARD PATRAS, seigneur d'Agnières, habitait Veynes en 1502; il signa le 28 juillet de cette année, un accord avec Balthazard Artaud, seigneur de Volvent, agissant au nom du seigneur de Montmaur, son frère, seigneur d'Agnières, au sujet de certain

---

(1) C'est par erreur que la *France protestante* de MM. Haag, t. VII, p. 156, présume que Patras, sieur de Gimbrois, descendait de la famille poitevine de Patras.

droit qui lui était dû dans cette communauté par les autres habitants et dont Gaspard Patras soutenait, que lui et ses ancêtres, avaient toujours été exempts (1).

Il fut le père de Guichard, qui suit, et de Jacques.

IV. GUICHARD PATRAS, du mas de la Chau, paroisse d'Agnières, s'était allié vers 1528 à Bernardine de Gruel, de Serres, fille de noble Antoine ; de cette union naquirent Pierre qui suit et Gaspard, père de Jacques.

V. PIERRE PATRAS, écuyer, notaire à Veynes, épousa le 21 janvier 1557, Marguerite de Fontanelle, fille de feu Arnoux, notaire en la même ville, l'acte y fut passé dans la maison de Melchior Coréard, en présence de Claude Clavière, consul, Arnaud de Vitrolles, écuyer, de Montmaur et vénérable homme Pierre Patras d'Agnières (2). Il laissa de cette union : Jean Patras, qui suit, Pierre qui épousa Bernardine Ruelle, fille d'André, notaire à Veynes, de laquelle il eut : Gaspard, notaire, marié, le 29 mars 1617, à Olympe Boulhet; Pierre, notaire; Jacques, notaire ; Isabeau qui épousa Pierre Gondre, de Veynes ; il testa, le 12 décembre 1606.

VI. JEAN PATRAS, notaire royal delphinal à Veynes, épousa : 1° Isabeau Giraud ; 2° le 25 novembre 1610, à Lesches, Magdelaine de Brunel, fille de noble Vincent de Brunel, sieur de Rodet, et d'Esther de Reynier, ils furent unis par M. Ripert, ministre de Valdrôme, le contrat avait été passé à Lesches, le

---

(1) Minutes de M° Melchior Truchel, notaire à Veynes.
(2) Acte reçu par M° Chabal, notaire à Veynes.

28 octobre 1610, dans la maison du sieur Rodet, en présence de N. Pierre Flotte, co-seigneur de Saint-Pierre d'Argenson, N. Claude d'Agoult, co-seigneur de la Baume-des-Arnauds, N. Jouffrey de Reynier, de Serres, Gaspard Patras, frère de l'époux, Pierre Gondre, marchand, son beau-frère, et Pierre Lambert, notaire et procureur à Die (1). Magdelaine de Brunel mourut le dimanche 7 septembre 1614 et fut inhumée dans le tombeau des Patras à Veynes.

3° Le 5 décembre 1615, Magdelaine Armand, veuve de Pierre Bandol, dont il n'eut point d'enfant, il testa le 5 janvier 1617 et mourut peu après, laissant du premier lit :

1° Daniel Patras qui suit ;

2° Pierre, qui épousa Françoise de Chabestan, fille d'Hercule et de Magdelaine de Perdeyer ; leurs filles, Isabeau et Olympe s'unirent, l'une à Moïse Roure, de Veynes (2), l'autre à Barthelemy Roure, son frère (3) ;

3° Suzanne, mariée vers 1626, à Jean Masseron, procureur aux cours de Die ;

4° Marguerite s'unit le 17 janvier 1618, à Jacques Paviot ;

5° Isabeau ;

6° Reynaude épousa, 1° Guillaume Arthaud, de Mens ; 2° le 8 septembre 1626, à Jean Vulson, de Mens.

DANIEL PATRAS s'unit le 5 décembre 1615, à Louise

---

(1) Acte reçu par Antoine Gondre, notaire à Veynes.

(2) Minutes de A. Patras, 1661. F° 104.

(3) Arch. des Notaires de Grenoble. Minutes Patras, F° 47, année 1660.

Bandol, fille de Pierre et de Magdelaine Armand, de laquelle il eut :

Pierre qui suit ;

Jean ;

Olympe, mariée à Pierre Arnaudon, fils de Jacques, marchand de Serres, par le ministre Suger Rolin, en présence de Jean Anglès, avocat et juge de Veynes, et du capitaine Jean de Masseron, sieur d'Aiguebelle.

Judith.

Daniel testa le 10 mars 1651, et fut inhumé dans le cimetière de la religion réformée.

PIERRE PATRAS, notaire à Veynes, s'unit à Louise, fille de Jacques Leotier, dont il eut :

Daniel, qui épousa Elisabeth Pascal de Glaize, et laissa Jean, chirurgien de Veynes, qui s'unit, le 12 juillet 1746, à Louise Prayer, fille de Jean Prayer, notaire, et d'Elisabeth André Blanc (1).

Pierre.

Du deuxième lit, il eut :

7. Antoine qui a continué.

3. Sébastien, né à Veynes, le jeudi 28 août 1614 ; porté au baptême le 3 septembre, par Pierre Patras, son grand-père, dans l'église réformée et baptisé au temple de Veynes, par le pasteur Martin Faubert ; il habita d'abord Orpierre où il exerçait la médecine, puis Grenoble, enfin Lyon. De son union avec Isabeau Arnoux, fille de Jean et d'Alviette Rappolin (11 décembre 1651) ; il eut une fille nommée Olympe, qui abjura la religion protestante, le 27 juin 1736, et

---

(1) Registre paroissial de Tréminis.

mourut à Grenoble le 19 mars 1745, à l'âge de 96 ans, et un fils nommé Jean, notaire à Embrun en 1718, père de deux enfants, dont l'un habitait cette ville et l'autre servit dans les troupes françaises.

VII. Antoine Patras, naquit à Veynes, le mercredi 11 juillet 1612, et fut baptisé le 10 août suivant, dans l'église réformée, par le ministre Martin Faubert; d'abord notaire à Veynes, il vint ensuite s'établir à Grenoble, où il acheta de Jean Sauvan, le 16 décembre 1636, au prix de 700 livres (1) tournois, l'étude qu'il occupa jusqu'en 1682 (2). Il avait épousé : 1° le 17 juillet 1639, Françoise de Royer, fille de Pierre de Royer, de Bordeaux, marchand à Grenoble, et de Barthelemiène Isnard ; 2° le 4 février 1657, par devant le pasteur Valensan, Olympe de Blusset, fille de Jean-

(1) Minutes de Blanc, notaire à Grenoble, 1636, f° 974.
(2) Le dernier volume des protocoles de Patras (arch. des notaires de Grenoble), se termine ainsi :
« Le jeudy, cinquième du mois de février, l'an 1682, j'ai cessé
« l'exercisse de mon office de notaire dans l'establissement de cette
« ville, comancé depuis ma réception en icelluy qui fut le troisième
« janvier 1637 fini aujourd'huy mercredy 4° du présent pour satisfaire
« entièrement de mon chef à l'arrest de nos seigneurs du conseil d'estat
« concernant les notaires, procureurs postulans, huissiers et sergents de
« la religion prétendue Réformée du 28° juin dernier, duquel office j'ai
« traité avec M. Joseph Nardy dans les 6 mois preffixés par led. arrest a
« commencer depuis le 5° août 1681 qui fut publié dans le bailliage.
« Mon comancement avoit este par l'invocation du Saint nom de Dieu
« et dans ma sortie je lui rands très humbles graces des bénédictions
« qu'il m'y a desparty, ensemble de m'avoir randu participant en la
« cause pour laquelle j'en sort. Scachant aussy qu'il ne m'abandonnera
« pas au souttien de ma famille ny a ma conduite aux aultres occu-
« pations qu'il me donnera. Je feray mon répertoire de ce prothecol
« aux feuilles qui restent à escrire.   Patras. »

Pierre (1) de Veynes, et d'Olympe Ruelle (2). L'acte fut « faict et récité au dit Veynes, dans la maison d'Olympe Ruelle, en présence d'Henry de Blusset, père de l'épouse, Daniel de Royer, marchand à Grenoble, beau-frère de l'épouse, Pierre Patras, notaire à Montmaur, et Jean Paviot, prêtre, ses neveux, Jean Charency, marchand de Serres, beau-frère de l'époux » (3).

En 1660, sa maison de Lèches ayant été brûlée par les soldats du roi, il adressa au duc de Lesdiguières une requête par laquelle il réclamait la somme de 715 livres pour cette perte, elle lui fut accordée (4).

Antoine Patras testa le 5 avril 1695 ; il légua à Jacob, son plus jeune fils, « commis droguiste chez le sieur Coupier, la somme de 2,000 livres, pour s'établir à Grenoble, à son retour de la *campagne* ; » quant à ses trois autres fils, ne sachant où ils étaient depuis plusieurs années, ni même s'ils étaient encore de ce monde, il leur donna leur logement, nourriture et entretien sur les biens de sa succession ; il fit héritier universel Antoine Patras,

---

(1) Pierre Blusset était fils de Sauvage et d'Alix Brun, il portait : *de gueules à la fasce d'argent à trois palmes d'or en chef, posées en pal* ; les armes des Brun étaient : *d'or à trois raisins de pourpre.*

(2) Fille de Jean Ruelle, de Serres et d'Alix de Philibert, les armes de cette famille étaient : *Fascé d'or et d'azur de six pièces, au chef d'argent, à la demi-roue de gueules.*

(3) Acte reçu par Jean Lagier, notaire à Veynes.

(4) « C'est la parcelle d'Antoyne Patras, notaire à Grenoble, concernant l'incendie de sa maison au lieu de Lèches, arrivée en l'année 1660, causée par les gens de guerre y logeant par estape pour le service du roy. » (Bibl. de Grenoble. R. n° 5487.)

docteur en médecine, et désira que sa femme Olympe Blusset, continuât à donner le logement et la nourriture à Olympe Patras, fille de Sébastien, maitre chirurgien, à Orpierre, qui n'avait jamais quitté la maison paternelle depuis son enfance.

Antoine Patras mourut à Grenoble le 2 janvier 1696. Il fut enterré « de nuict sans bruist, dans sa vigne de Saint-Martin-le-Vinoux, après avoir été gardé trois jours mort, auprès de nostre frère. M. le cardinal Le Camus ayant permis à notre frère, le médecin, de le laisser sortir à dix heures du soir hors de la ville » (1).

Il avait laissé de sa première union :

1º ANTOINE, né à Grenoble, avocat au Parlement, qui mourut sans avoir été marié, au mois d'août 1699, et fut enterré dans *un coin* de la vigne de Saint-Martin.

Il eut du second lit :

2º Jeanne, mariée le 4 juin 1672 (2) à Jean-Jacques Maillefaud, notaire royal, châtelain d'Allières, procureur au Parlement, fils de Jean et d'Isabeau Oddoz, de Bonniot; il mourut en février 1696, laissant plusieurs enfants dont trois fils et une fille; sa femme décéda le 13 novembre 1715;

3º Isabeau, née à Grenoble, mariée à Paul Tolozan, marchand, du lieu de Vars, et de Marie Reynaud. Le contrat fut passé à Embrun, le 29 septembre 1680, en présence de noble Jean de Tolozan,

---

(1) Lettre de Pierre Patras de la Rochecourbière.
(2) Minutes de Mᵉ Borel, fº 19-21. Mémoires judiciaires. R. 3050. (Bibl. de Grenoble.)

sieur de Saint-Auban, Gédéon Philibert, Antoine Philibert, noble Gaspard de Rame, sieur de Champrambaud et noble Jean de l'Olivier sieur de Réotier. Elle mourut à la Magdelaine, près d'Embrun, le 28 janvier 1739.

4. Antoine, qui suit.

5. Isaac Patras, de Saint-Martin, naquit à Grenoble, il embrassa la carrière des armes et prit du service comme cadet dans le régiment de Monsieur de Fimarcon, mais comme il appartenait à la religion réformée, et qu'il n'avait pas l'espérance d'avancer en grade, il le quitta en 1685 et alla prendre service dans les grenadiers à cheval en Brandebourg, il ne resta pas longtemps dans ce régiment, et, en 1692, alla en Piémont où il obtint la place de lieutenant dans un des régiments à la solde de la Grande-Bretagne et des Etats-Généraux des Provinces-Unies. Il se signala dans plusieurs batailles et rencontres, puis la paix étant faite, ces régiments ayant été réformés, on choisit soixante des officiers qui s'étaient le plus distingués; il fut de ce nombre et envoyé en Flandre pour être incorporé dans les régiments français au service de l'Angleterre; en 1706, il était capitaine d'infanterie en Angleterre; en 1709, capitaine dans un régiment de dragons, envoyé au secours du roi de Portugal. Il se distingua dans cette campagne, si bien que le roi lui fit plusieurs présents importants. A son retour en Angleterre, en 1712, son régiment ayant été réformé, il obtint un brevet de major à la suite; en 1718, il fut nommé officier des mousquetaires à cheval avec rang de lieutenant-colonel.

Sa santé étant fortement ébranlée, il demanda un congé, vint à Grenoble en 1719 pour revoir ses parents et tâcher de se rétablir, puis retourna à Londres, mais il tomba de nouveau malade. Il partit de Londres une seconde fois, le 23 août 1723, pour revenir en Dauphiné. Son état maladif l'obligea de s'arrêter à Auxerre, où il mourut le 6 octobre de la même année, après avoir institué héritier universel son frère Jean-Pierre Patras. Il fut enterré dans l'église cathédrale de Saint-Pierre.

6. JEAN PIERRE, surnommé de la Rochecourbière, naquit à Grenoble. Il quitta la France à la révocation de l'édit de Nantes, alla rejoindre son frère Isaac à Berlin et de là partit pour la République des Provinces-Unies. Arrivé à Groningue, il prit du service comme *cadet*; peu après, il fut nommé lieutenant dans un des quatre régiments à la solde de la Grande-Bretagne et des Etats-Généraux, pour servir en Italie, où il fut blessé par un boulet de canon qui lui emporta le bras gauche; la paix étant faite, et son régiment réformé, il fut renvoyé en Hollande et pensionné avec rang de capitaine.

Il s'établit ensuite à Meurs, ville des Etats prussiens, fit un voyage en France et vint à Grenoble voir ses parents en 1719; il y trouva son frère Isaac, allèrent à Embrun et repartirent de Grenoble le 25 mars 1720; ils se séparèrent à Paris : l'un prit le chemin de l'Angleterre et l'autre celui de la Hollande. Après la mort de son frère Isaac, il fit un voyage à Londres pour en recueillir la succession ; de retour à Meurs, il tomba malade et mourut le 7 février 1727.

Par son testament, il fit héritier ses frères Antoine et Abraham.

7. ABRAHAM PATRAS, naquit à Grenoble le 22 mai 1671, et quitta le Dauphiné à la suite de la révocation de l'édit de Nantes, passa quelque temps à Genève pour continuer ses études. De là, traversa la Suisse et l'Allemagne pour aller en Hollande, où il prit service comme *cadet*. N'ayant pas l'espérance d'un avancement rapide, il prit la résolution d'aller aux Indes. Ne pouvant obtenir d'autre place que celle de distributeur des vivres d'un vaisseau, il la refusa aimant mieux partir comme soldat volontaire au service d'un navire marchand de la Compagnie Hollandaise. Il s'embarqua à Enckhuysen, port sur le Zuyderzée, vers la fin de 1689, et du Texel, sur le vaisseau *Hobrée*, le 4 janvier 1690; arriva au cap de Bonne-Espérance le 28 mai, en repartit le 2 juillet et arriva à Batavia le 30 août.

Là, il fut envoyé le 4 janvier 1691, à Amboine sur le vaisseau *Henri Maurice* et arriva devant le Château-Victoria le 8 mars suivant. Il y fut employé à *la plaine*, il se distingua par sa vigilance et devint assistant le 2 septembre 1695, il parvint ensuite au poste de secrétaire des petites affaires et mariages, premier clerc de police, le 28 janvier 1698.

Le 8 juin 1699, il épousa demoiselle Gehesia Knipping, fille d'Ernest Knipping, secrétaire de police, de laquelle il eut, le 5 juin 1700, une fille nommée Olympe Josèphe qui mourut fort jeune. Sa femme mourut à Amboine le 17 décembre suivant. Il demanda alors à quitter Amboine et fut nommé à Ternate, *secrétaire* de police du gouvernement des Moluques. Chargé vers le même temps de diverses missions, du 20 février au 10 mars 1705, il se rendit dans l'île de Batchian, chez Katsieli Mouson-Malskidim, roi de Moluques, pour annoncer et faire reconnaître le nouveau gouverneur des Indes, Jean Van-Hoorn. A son retour, on le fit secrétaire du consul de justice. Le 5 janvier 1706, il fut envoyé chez le même roi à l'occasion de la capture d'un navire anglais, *Saint-Georges*, et de son capitaine Guillaume Dampier, que ce roi avait fait arrêter, et de plus, maltraiter l'équipage et piller le navire. Il en obtint la délivrance et le fit conduire à Ternate.

Après son retour à Ternate, il fut envoyé à Batavia, où il arriva à la fin de juillet de la même année. Le gouvernement des Indes le nomma ensuite chef et résident de Jambie sur les côtes orientales de Sumatra. Il partit le 12 août 1707 et y arriva le 26 septembre ; il rétablit la paix dans cette place réduite à rien, par la division et la guerre qui y régnait depuis vingt ans entre deux frères, en se rendant maître du plus jeune des princes, nommé Pringabaya, qu'il envoya à Batavia, et replaça l'aîné nommé Kiaygedée, comme roi.

Il fit rebâtir une bonne partie du fort et rendit florissant le commerce de la Compagnie des Indes.

En 1709, le 7 mai, le gouvernement des Indes à Batavia, pour lui témoigner sa satisfaction, lui donna le titre de *Marchand*.

Quelques mois après, les insulaires tramèrent un complot contre Ab. Patras, qui éclata le 9 décembre 1709. Quatre soldats de ses gardes furent tués et lui-même reçut un coup de poignard qui glissa sur ses côtes, deux soldats arrivèrent à son secours, se saisirent du meurtrier et le blessèrent mortellement. A. Patras donna sa démission de chef de Jambie en 1711, et fut peu après nommé chef résident du royaume de Palembang; son successeur arriva sans instruction, avec ordre de les recevoir de lui, il lui remit la place en bon état. Il partit le 26 septembre et arriva le 8 octobre suivant à Palembang; entré en fonctions le 31 du même mois, il y rétablit et mit le négoce sur un bon pied; le rapport qu'il remit au gouvernement de sa mission, fut fort loué; il avait une habileté toute particulière pour traiter avec les habitants du pays et en tirait tout le profit possible pour la Compagnie des Indes.

En 1717, la Haute régence le nomma premier envoyé auprès du roi de Bantam, pour le féliciter du mariage de plusieurs de ses enfants et lui porter quelques présents, il partit le 9 janvier 1717 sur la frégate *Pierre et Paul* et revint à Batavia le 21 du même mois.

Des troubles ayant éclaté sur les côtes occidentales de Sumatra, entre les employés de la Compagnie et le Prince, et les habitants de ces régions, il fut nommé le 21 mai 1717, chef et commandeur de cette côte; il s'embarqua à Batavia, sur le vaisseau *Schooteroogle*, le 29, avec ordre d'arrêter son prédécesseur, le commandeur Conrad Frédéric Hoffman et quelques autres personnages. Arrivé à Padang, le 25 juin, il exécuta les ordres qu'il avait reçus, rétablit la paix et la tranquillité et demanda ensuite son rappel (12 août 1720).

Nommé visiteur général de tous les livres de négoce de la Compagnie à Batavia, avec rang de *sur marchand*, il revint dans cette ville sur le navire *Bentveld*, le 7 février 1721.

Le 13 mai suivant, la Haute régence le nomma commissaire avec plein pouvoir, pour apaiser les troubles survenus à Palembang et à Jambie.

Il partit le 11 juin 1721, avec les vaisseaux *Thuys te foreest, Sanderhoef, de Kykuyt* et cinq autres bâtiments; arrivé devant Palembang, il apprit que le sultan Mancoeboeni avait usurpé le royaume du sultan Ratoe; à son approche, Mancoeboeni s'enfuit, abandonnant ses trésors et ses femmes, et le sultan Ratoe, fut replacé sur son trône, après avoir conclu un traité avec A. Patras (2 juin 1722).

De retour à Batavia (21 juillet 1722), il rendit compte à la Haute régence de sa mission et lui présenta un rapport des plus détaillés sur le rétablissement de la paix, il en fut loué et remercié de tout le gouvernement.

Le 23 octobre, il fut élu sur marchand du château de Batavia.

Abraham Patras connaissait toutes les Moluques et l'île de Célèbes, tout le royaume de Java qu'il avait visité pour connaître le pays sans jamais avoir été inquiété, car il était adoré des Indiens mais il était accablé de fatigues par ces nombreux voyages.

En 1724, le gouvernement d'Amboine et la direction du Bengale devenus vacants, il sollicita ce gouvernement en récompense de ses services, pour y aller finir ses jours; il désirait ce poste parce qu'il aimait et était aimé des habitants et qu'il le préférait à tous autres. Nommé directeur du Bengale, le 23 juin, il partit de Batavia le 1ᵉʳ août sur le navire *Herstelling* et arriva à Hougly (Calcutta), le 14 septembre; il prit à ce moment la résolution de demander à son frère Antoine, médecin à Grenoble, un de ses fils pour le garder auprès de lui et le faire héritier de sa fortune.

Le climat étant fort contraire à sa santé, il se décida à demander sa démission, l'ayant obtenu, il revint à Batavia, le 28 janvier 1728, sur le vaisseau *Anne-Marie*. Abraham Patras désirait le repos et ne voulait plus accepter aucune fonction, cependant il n'osa refuser l'honneur qu'on lui fit de le nommer président du conseil des petites affaires et mariages, et l'année suivante, directeur des mines de Paran et Passiranging.

En 1730 et le 20 juillet, il alla avec quelques commissaires à Bantam, pour assister au couronnement du roi, celui-ci lui céda, pour la compagnie, l'île de Poulo-Penang.

Le 28 mai 1734, il fut nommé conseiller extraordinaire des Indes, il était en même temps, colonel de la bourgeoisie et commissaire général de toutes les mines des Indes.

Sur ces entrefaites mourut le gouverneur général des Indes, Van Cloon (11 mars 1735). Aussitôt la régence s'assembla pour élire un gouverneur. M. Valkenier, conseiller ordinaire, et Abraham Patras, conseiller extraordinaire, eurent un nombre égal de suffrages.

Valkenier prétendit comme conseiller *ordinaire* d'être préféré à Patras qui n'était qu'*extraordinaire* et selon lui inéligible pour gouverneur et même pour directeur général. Patras ne voulut pas céder ni ceux qui lui avait donné leur voix, disant, que selon le serment qu'ils avaient prêté et renouvelé le même matin, ils ne trouvaient pas, en conscience, les *ordinaires* éligibles. Pour finir toute discussion, on proposa de passer à un second suffrage. Mais Valkenier protesta, prévoyant bien que Patras aurait, sinon l'unanimité, au moins la pluralité des voix. L'assemblée dura jusqu'à deux heures, pour en finir, quelques-uns proposèrent d'écrire sur deux papiers roulés, les noms de Valkenier et de Patras pour tirer au sort.

Le secrétaire les fit et les présenta à Valkenier qui ne voulut pas tirer, disant : « que celà lui venait de droit »; après il les présenta à Patras qui ne voulut pas non plus tirer, disant « que le sort ne vient pas à propos quand les voix sont égales, et qu'on demande un second suffrage. » Ensuite, le secrétaire les présenta à tous les conseillers l'un après l'autre qui refusèrent de tirer, le dernier ne pouvant le renvoyer plus loin tira le rouleau portant le nom d'Abraham Patras qui fut approuvé unanimement, excepté de Valkenier et du plus ancien conseiller ordinaire. On expédia un vaisseau en Europe, pour porter cette nouvelle.

Patras écrivit et demanda la confirmation de sa nomination provisionnelle et en même temps, sa démission, disant qu'il était trop âgé pour remplir un emploi si pénible et si laborieux, qu'il l'avait accepté par amour du pays et pour le bien - être de la compagnie et pour donner le temps à Messieurs les directeurs de pouvoir élire un digne successeur. Il continua à chaque envoi de vaisseaux à demander si on ne lui avait pas accordé sa démission. Quelques mois après sa nomination de gouverneur, il reçut un pli qui lui apprenait sa nomination de conseiller ordinaire en Europe.

Les députés de l'assemblée des 17 en Europe, lui écrivirent le 10 novembre 1735, le priant de vouloir bien continuer ses bons services dans le gouvernement général de toutes les Indes orientales.

Il fut installé et proclamé par devant tous les ordres civils et militaires, ecclésiastiques et bourgeois, le 30 août 1736.

C'était un homme des plus respectables, qui avait blanchi au service de la compagnie, et s'était concilié l'affection de tout le monde, mais son grand âge ne lui permettait pas de jouir longtemps de cette importante fonction. Il mourut, la nuit du 2 au 3 mai 1737, minuit sonnant, après une maladie d'un mois ; ses obsèques furent magnifiques, il fut enterré le 6, à huit heures du matin, dans la grande église de Batavia, dans une tombe où on le plaça à côté de sa fille (1).

Par son testament, dont nous allons donner un extrait, il fit son neveu, Antoine Patras, héritier universel.

(1) Extrait des registres et journaux de la compagnie des Indes : La notice sur Abraham Patras insérée dans les *Vies des gouverneurs*, serait erronée et le libraire n'ayant pu vendre son livre, pour s'indemniser des frais, le fit insérer dans *l'histoire générale des voyages*, t. 17me.

A ses obsèques fut distribuée, comme celà était la coutume à la mort des gouverneurs (1) des Indes, une médaille en or, de forme oblongue, l'avers était occupé par les armoiries de la famille Patras, le revers contenait l'inscription suivante en treize lignes et en langue hollandaise :

Ten
Gedagtenisse
Van Wÿlen
Zÿn Hoog-Edelheÿd
Den Heere
Abraham Patras,
gouverneur generaal
Van Nederlands India,
Geboren tot Grenoble,
Den 22 meÿ a° 1671
Overleden op Batavia,
Den 3 meÿ
Anno 1737.

« A la mémoire de feu Son Excellence le sieur Abraham Patras, gouverneur général des Indes Néerlandaises, né à Grenoble, le 22 mai 1671, mort à Batavia, le 3 mai 1737. »

(1) A la mort de Van Cloon, on grava six médailles à ses armoiries qui furent distribuées aux conseillers ou personnages notables qui assistèrent à ses obsèques.

Cette médaille en or, de forme oblongue, avait un millimètre d'épaisseur, 75 mill. de haut et 65 mill. de large, y compris la chaîne d'or artistement enchevêtrée qui l'encadrait et qui avait 5 mill. de diamètre ; son poids était de 53 grammes 4 décigrammes (1).

Le portrait d'Ab. Patras a été gravé dans *Les Vies des gouverneurs généraux*, de Du Bois, p. 307 : dans un médaillon ovale, buste à gauche, divers attributs entourent la bordure : à droite un dauphin, un sablier et à gauche, une faulx, une roue et deux dés montrant tous deux le n° 5 ; au-dessous ses armoiries et cette légende (2) : XXIV. Abraham Patras, a° 1735 à 1737. J.-V. Schley del. Les bureaux du ministère de la marine à la Haye renfermaient le portrait en pied d'Ab. Patras, dont l'original se trouve, dit-on, à Batavia. Le colonel Patras avait laissé en dépôt en 1811 à la Haye, chez MM. Molière et fils, tous les portraits des gouverneurs généraux des Indes Hollandaises peints sur cuivre, « pareils à celui de son grand-oncle, encadré dans sa chambre. »

Voici un extrait du testament d'Abraham Patras :

Testament d'Abraham Patras.
21 février 1731.

« Au nom de Notre-Seigneur Jésus-Christ Amen ! Soit notoire à celui qui cela regarde comment moy,

---

(1) Cette médaille, décrite par M. G. Vallier, dans la *Revue belge de numismatique*, t. 31, p. 284, existait au cabinet de Grenoble.

(2) Ce portrait est reproduit en tête de notre notice : le n° XXIV, indique qu'il fut le vingt-quatrième gouverneur des établissements hollandais aux Indes orientales.

Abraham Patras, né à Grenoble le 22 de may l'an 1671, à présent gouverneur des Indes des Pays-Bas, par la grâce miséricordieuse de Dieu, sain de corps allant et venant, mon entendement et ma mémoire pleinement possédant, considérant la fragilité de la vie humaine et la certitude de la mort, et au contraire l'incertitude de son heure, et ne voulant pas volontiers délaisser ce monde avant que d'avoir disposé des biens temporels qui m'y sont accordés par la main libérale de Dieu. J'ai trouvé bon de le faire par ce présent testament ou acte de dernière volonté...

1° Je lègue aux pauvres de cette ville mille risdales à 48 sols pesant chacune scavoir : 600 risdales pour la diaconie et 400 risdales pour la maison de Lazare.

En second lieu, à Mme Anthonia Schaghen, veuve de feu M. Hermannus Kolde de Horn, la somme de 5000 semblables risdales avec un esclave nommé Saptoe de Nias, qui a demeuré depuis février 1721 chez la dite dame.

3° A ma nièce ou fille de ma demi-sœur nommée Isabeau Maillefaud, en dernier lieu veuve de M. Malvieux qui a demeuré un grand nombre d'années et réside encore à Genève, les rentes ou intérêts d'un capital de 8,000 risdales ou 20,000 florins argent d'Hollande, désirant de plus que le capital de cette somme après le décès de ma dite nièce Malvieux, passe aux mains de mon frère Antoine Patras M. D. et après lui à son fils aîné François Patras, avocat, ou à ses enfants à qui je lègue le dit capital.

4° Au fils du frère de ma nièce Antoine Maillefaud qui est à Londres et lequel fils se nomme Jean Maillefaud, se trouve à présent ici au service de la noble Compagnie comme premier assistant à la générale secrétairie une somme de 16,000 risdales à 48 sols. Je lègue encore au dit mon sous-neveu, 4 esclaves à son choix, pour le servir et n'être point vendus.

5° A la sœur de mon dit neveu Suzanne Patras Maillefaud aussi née et demeurante à Londres chez son grand-père maternel monsieur Jean Gerard, une somme de 10,000 florins argent d'Hollande pour après ma mort être remis audit sieur Gerard.

6° Aux enfants de feu M. Nathanael Gautheer, en son vivant marchand à Amsterdam, je lègue tous les deniers qu'ils me doivent.

7° A noble Vincent Schaghen, demeurant à Utrecht, 4,000 florins, en commémoration.

8° A Mlle Cornélie-Elizabeth Schaghen, demeurant à Grœningue, 3,000 florins.

9° A Mme Henriette-Clare Schaghen, épouse du vénérable sieur Mre Jacob Helmold, conseiller à Grœningue, 3,000 florins.

10° A Jean Fleon Solde, teneur de livres de la noble compagnie des Indes, 3,000 florins.

11° Au jeune sieur Diderick Christiaan Pielat, fils unique de vénérable sieur Jacob Christiaan Pielat, ci-devant conseiller des Indes, demeurant à La Haye, 3,000 florins.

12° Je veux que tous les deniers comptants ci-dessus légués pour être payés en Europe, montant à 31,000 florins, soient payés de mon gage que j'aurai gagné de la compagnie.

13° A Mlle Clara Schaghen, femme de noble Mre Coenraad-Corneille Dellafaille, marchand et 1er administrateur du magasin de provision ici, 1500 risdales à 48 sols pesants.

Je désire que ma maison située sur la grande rivière et mon jardin, ne soient pas vendus ni aliénés, jusqu'à ce que mon neveu Antoine Patras, sous-marchand au service de la noble compagnie et second administrateur du magasin de fer, ici, soit arrivé à sa majorité.

Je déclare donner, laisser et faire mon unique et universel héritier mon neveu le sieur marchand Antoine Patras, et cela de tous, tels biens meubles et immeubles, actions et nom, argent comptant, or, argent, monnayé et non monnayé, hardes, bijoux, esclaves masculins et féminins. Je prie de la manière la plus humble les vénérables messieurs les directeurs de la Compagnie des Indes à la chambre d'Enckhuysen, d'où je suis parti dans l'année 1690 avec le vaisseau *Hobrée* comme soldat à f. 9 par mois, qu'ils veuillent aussi se porter comme exécuteurs de cette même dernière volonté pour autant que regarde mes gages par mois, qui me seront dûs à mon décès.....

Fait et écrit de ma propre main, à Batavia, au château, le 21 février 1737.

AB. PATRAS. »

Divers legs faits par Abraham Patras

« Moy, ABRAHAM PATRAS, gouverneur général des Indes des Pays-Bas..... Je suis d'avis et je déclare que mon neveu et sous marchand Antoine Patras, est par mon dit testament nommé héritier, et qu'il est assez âgé et posé et pleinement en état de tenir son propre ménage. Par conséquent luy léguant pour après ma mort être mis entre ses mains ce qui suit, savoir :

36 pièces de cuillières d'argent, 36 fourchettes, 36 couteaux à manches d'argent, 1 grand plat à soupe d'argent, 2 grands couteaux à trancher, 2 grandes fourchettes, et puis tous les autres objets d'argent qui servent ordinairement à l'usage ou à l'ornement d'une honnête table, rien excepté.

6 pièces ou 3 paires de soucoupes d'argent avec toutes les autres assiettes sur lesquelles il appert qu'elles sont données en commémoration des morts.

2 soucoupes d'argent, l'ouvrage de la Patrie; une aiguière, ouvrage de Bengale; 2 pièces de gorgelets enchassés en argent, etc., etc. Deux bouteilles d'eau de rose avec leurs picrings, ouvrage de ces côtes.

12 pièces de chandeliers d'argent, etc., etc.

Une horloge faite à Amsterdam par Fromentel, 2 montres : une en or, d'Utrecht, l'autre d'argent, d'Angleterre.

Tous les cachets soit d'or, d'argent ou de pierres sur quoy mes armes sont gravées, une bague or avec un grand brillant et 2 petites pierres, avec une bague du petit doigt que j'ai porté ci-devant, et j'ai acheté la grande pierre à la vente de Madame Huysman; toutes mes armes soit sans ou avec l'or et l'argent enchassés. Un poignard de Mogol orné de diamants, et autres fines pierres et ou est attaché un nœud de perles pour être envoyé à mon frère ou bien pour rester dans la famille.

Tous mes livres imprimés tant Flamands que Français.

Tous les manuscrits qui ne concernent point ma succession.

Je lègue à mon sous-neveu le premier assistant Jean Maillefaud, 6 cuillières argent, 6 fourchettes, 6 couteaux, etc., etc.

Une épée avec la poignée d'or, un poignard orné d'or, une bague or avec un brillant tirant sur le bleu avec deux petits diamants, etc.

A la noble Madame Anthonia-Adriana Lengelé, douairière de Son Excellence le très noble seigneur Mre Théodore Van Cloon L. M., en son vivant gouverneur général des Indes du Pays-Bas, je lègue mon carrosse avec les cristals et les harnais des chevaux et un couple de bons chevaux.

Au vénérable sieur Adrien Valchenier, premier conseiller et directeur général des Indes des Pays-Bas, un cabinet avec des tiroirs enchassés d'ivoire dont j'ai hérité du feu noble Harman Van Bayen; une grande chaise, vêtue en dehors avec du cuir de Moscovie et en dedans avec de peluche rayée avec le cuivre y appartenant.

Au vénérable sieur Jean Paul Schaghen, conseiller ordinaire des Indes, une selle avec ses dépendances, brodée d'argent et enchassée en argent massif, etc.

Au vénérable sieur Jean Phedens, conseiller extraordinaire des Indes, une lame d'un poignard de

Japon, ornée avec l'or, qui est venu de feu vénérable sieur Directeur général Michel Westpalm.

A Madame Geertruyda Goses, épouse dudit sieur Phedens, un petit coffre fait de fil d'or, ouvrage de Padang, etc.

Au vénérable sieur Mre Isaac Van Schinne, conseiller extraordinaire des Indes et Président du vénérable Conseil de Justice, une écuelle de flambeau d'argent avec son bord d'argent; une paire de piques de ce pays enchassées d'or.

Au vénérable sieur Gustave Guillaume Van Imhoff, conseiller ordinaire des Indes et gouverneur et directeur à Ceylan, toutes les médailles d'or, d'argent et cuivre et autres, avec les monnaies étrangères tant d'or que d'argent ou d'autres métaux, comme aussi les minéraux d'or, qu'on trouvera après mon décès dans un cabinet du bois de Palembang et d'Ambon, avec des tiroirs et anneaux d'or, lequel cabinet je lui lègue aussi.

A Madame Anthonia Schaghen, veuve du feu vénérable sieur le Ministre Harmannus Holde de Horn, une écuelle de Pinang d'argent et ses dépendances, ciselée, ouvrage de ces côtes, avec de grandes, fleurs et deux paires de chandeliers, ouvrage de la patrie l'un et l'autre, m'a été fait en présent ci-devant par elle.

Au vieux premier secrétaire et à présent Fiscal d'eau, le sieur Me Nicolas Van Berendregt, trois paires de boutons de chemise d'or entourés avec des roses de diamants que j'ai porté journellement, avec une tabatière d'argent enchassée en or, ouvrage de la patrie.

Au premier secrétaire à présent le sieur Guillaume Maurice Bruyninck, une grande tabatière en façon d'une tour et des fleurs sur le couvercle, ouvrage de Japon.

Au second secrétaire le sieur Roland Caù, une tabatière d'or, de figure longue hexagone, ouvrage de fil, de Padang.

Une tabatière ovale d'argent, de Japon, avec or.

Un pedro Porke de Malacca, enchassé en or.

Au marchand et premier clerc de la secrétairie générale le noble Gérardus Cluysenaar, une grande aiguière d'argent avec son pot.

Au marchand Bartheld Borchers qui m'a servi, une somme de 1,000 risdales.

Une neuve tabatière d'argent, dorée ciselée, ouvrage de la patrie.

Au marchand et commis des affaires des natifs de ce lieu le noble Adrien Jubbels, je lègue aussi,

Premièrement, les esclaves ci-après nommés, savoir : Pocassa de Bouton avec sa femme..... (6 esclaves); une bague d'or montée avec un rubis et deux petits diamants, une bague du petit doigt comme dessus.

Au sous-marchand et teneur des livres du comptoir des gages des natifs d'ici, Ernestus de Bevere, je lègue :

Une esclave nommée Aurora, de Mandhaar, avec son fils Pingal.

Un esclave nommé Paris, de Sumbanva, et une esclave nommée Lizarda, de Mandhaar, et son fils Cassim.

Une bague d'or avec un rubis et deux petits

diamants ; une bague du petit doigt comme dessus.

A Elisabeth Was mariée avec le sergent Lambertus Smith et à Speld, fille de feu Christiaan Speld, en son vivant huissier du conseil du pays à Amboina, demeurant toutes deux à Amboina, à chacune 200 risdales ....

A Blom, fille du marchand et premier administrateur à Samarang, le noble Benjamin Blom, 400 risdales ....

A la jeune demoiselle Suzanne Van Schinne, 400 risdales, avec quatre pièces des ornements de tête, sçavoir : deux comme des demi-lunes et deux comme des papillons, tous entourés avec de petits diamants.

Au fils du vénérable Ministre Mons Werently à présent en Hollande, sur lequel il a nommé Madame la veuve Kolde de Horn et moy, comme marraine et parrain, 400 risdales.

Mon désir est encore qu'outre mes esclaves, déjà mis en liberté par mon dit dernier testament de la même faveur jouiront, et par conséquent après ma mort, seront émancipés et mis en pleine liberté, ou bien après l'échu du temps fixé, ci-après nommé, qu'ils seront obligés de servir mon neveu et héritier Antoine Patras, scavoir : (suivent les noms de 18 esclaves).

Et outre cela, je lègue à Augustina Ooms, femme du commis du port Jacobus Bartius, l'intérêt qui se trouvera après ma mort être eschu et dû, d'un capital de 200 risdales, que ledit Bartius me doit.

Je lègue encore à vénérable sieur Jacob-Christiaan Piclat, ancien conseiller des Indes des Pays-Bas, demeurant à La Haye, une longue et grosse canne avec ses deux bouts en or et où il y a attaché une chaîne d'or étant propre et appropriée pour un coureur.

A Benjamin et Jean de Maffé, deux cousins et clercs de la secrétairerie générale, à chacun 200 risdales.

Aux deux Messieurs qui pourroient par le conseil des Indes être prié et commis pour régler et avoir soin de mon enterrement, à chacun une médaille d'or gravée comme celles pour les porteurs, mais plus grande, et de la pesanteur de quatre ou cinq réals batavia. »

8. Jacob Patras, né à Grenoble, sortit de France à la révocation de l'édit de Nantes et rejoignit ses frères à la guerre d'Italie, la paix étant faite, il alla dans les provinces unies et prit du service dans la compagnie des cadets à Utrecht, y resta 15 mois, passa ensuite dans le régiment des gardes à pied qui alla en Angleterre, et revint en Hollande en 1699.

Il servit ensuite comme cadet dans une compagnie de grands mousquetaires formée à La Haye pour le service du roi de Pologne en 1702, fut nommé lieutenant en 1706, et chevalier garde du roi de Pologne ; il assista à de nombreux combats et eut deux chevaux tués sous lui dans une bataille en 1708.

Quelque temps après il fut nommé capitaine d'une compagnie de dragons ; étant allé observer l'ennemi sur les frontières de Turquie il souffrit du froid et revint gravement malade. Nommé major de la ville de Cracovie, en 1702, il mourut peu de temps après d'une fièvre chaude près de Thorn dans la Prusse polonaise, le 16 février 1716, et fut enterré avec tout les honneurs dus à son rang.

VIII. ANTOINE PATRAS, fils d'Antoine et d'Olympe de Blusset, naquit à Grenoble, le 10 février 1667, fut reçu docteur en médecine à Montpellier en 1685, et ensuite nommé agrégé au collège de médecine de Grenoble ; il épousa le 7 octobre 1704, Françoise de Blanlus, fille de feu noble Jacques de Blanlus, avocat au Parlement et d'Anne de Langes, le contrat fut passé à Grenoble, le 14 septembre 1704, en présence d'André Rolland, conseiller du roi, avocat général au Parlement, Samson Vial, trésorier de France, général de ses finances en Dauphiné ; Joseph de Combe, avocat consistorial ; Louis le Sueur, avocat au Parlement ; Daniel de Durand, avocat ; Louis Monin, médecin du roi, agrégé au collège de Grenoble, et David Maillefaud, neveu de l'époux. Il mourut le 19 mars 1737, à l'âge de 70 ans, et fut inhumé dans l'église de Ste-Claire, ainsi que sa femme, morte subitement le 5 février 1730 ; de leur union naquirent sept enfants, savoir :

1° Dorothée, née le 19 janvier 1706 ; elle meurt le 13 octobre 1707.

2° Joseph-Antoine, né le 10 septembre 1707, meurt le 30 Janvier 1708.

3° Jean-Antoine, né le 13 février 1709, meurt le 10 août 1717, et fut inhumé dans l'église Ste-Claire.

4° Anne, née le 22 novembre 1710.

5° François qui a continué.

6° Marguerite, née le 22 janvier 1751, meurt le

31 du même mois, elle fut inhumée à Ste-Claire.

7° Antoine, dont nous allons reparler.

8° Louise-Marguerite, née le 3 juillet 1723, meurt le 25 août 1724 (1).

Antoine Patras naquit à Grenoble le 17 juin 1718 ; il fut successivement aspirant de marine, commis de bureau, marchand en second, bourgmestre de la ville de Slooten, député de la province de Frise. A l'âge de 11 ans, son père, sur la prière d'Abraham Patras, demanda au gouverneur de la Province l'autorisation de l'envoyer à Genève pour qu'il puisse continuer ses études et ensuite aller auprès de son frère qui occupait une position importante aux Indes ; il était déjà avancé en âge, très usé par ses grands travaux et ses fréquents voyages dans la zone torride, et avait, en outre, contracté de graves maladies qui mettaient ses jours en dangers. M. d'Angervilliers, secrétaire d'Etat, répondit à la demande de M. de Gramont du 23 octobre 1729. « Quand Sa Majesté, dit-il, a veu que vous vous rendiez garant de la droiture des intentions du sieur Patras et de sa conduite (Patras venait d'abjurer la religion protestante) elle n'a pas hésité à luy accorder la permission qu'il demande. Sa Majesté m'a en même temps chargé de vous mander que votre considération seule la déterminée. » (2).

Le journal, que nous publions, écrit de la main

(1) Registres des Paroisses de St-Louis et de St-Hugues de Grenoble.

(2) Lettre écrite à M. Artus Joseph de la Poype-St-Jullin-de-Grammont, le 11 novembre 1729.

d'Antoine Patras, va nous raconter les principaux actes de sa vie.

Journal d'Antoine Patras.

« Je partis de Grenoble, où j'étais né le 17 juin 1718, pour aller continuer mes études à Genève. Le 8 décembre 1729, je disnais au bourg de Crolles et couchay au fort de Barraux après 6 lieues de marche.

Le 9ᵉ, après avoir passé les ruines de Montmélian, j'entrai dans le duché de Savoie et je disnai à la ville de Chambéry qui en est la capitale. Je couchai à la ville d'Aix ayant fait 6 lieues.

Le 10ᵉ, je disnai à la petite ville de Rumilly et couchai à la Combe, village à 4 l. d'Aix.

Le 11ᵉ, je disnai à Marlioz, vieux bourg ruiné, et le soir je m'arrestai au K rouge, village tout près de Genève, les portes de la ville estant déjà fermées.

Le 12ᵉ, j'entrai dans la ville de Genève où l'on faisoit la fête de l'Escalade qui s'y fait en action de grâce de l'eschouement d'une conspiration du duc de Savoie contre cette ville, qui la fit escalader la nuit du 12 décembre 1602, mais il fut repoussé avec perte considérable.

Le 5ᵉ septembre 1732, j'eus une entrevue à Marlioz avec mon père, ma mère et mon frère, lesquels estoient venus de Grenoble pour cet effect.

Le 7ᵉ matin, nous nous séparâmes et je revins disner à Genève.

Après avoir demeuré dans cette ville 3 ans 3 mois

14 jours, j'en partis pour me rendre aux Pays-Bas des Provinces-Unies.

Je partis le 26ᵉ de mars 1733, à midi, et ayant passé les petites villes de Nyon et de Coppet et fait 6 l. je couchai à celle de Rolle.

Le 27ᵉ, je passai la ville de Morges, disnai à celle de Lausanne, et après avoir fait 12 lˢ, je fus le soir à la ville de Moudon.

Le 28ᵉ, je disnai au bourg de Payerne, où l'on fait voir une selle de cheval du roy Dagobert ; et ayant été le long du lac de Morat où est le monument de la défaite de 10,000 Bourguignons par les Suisses.

Le 23 juin 1733, je m'arrestai le soir à la ville de ce nom n'ayant fait que 8 lˢ.

. . . .

Le 3 mars 1733, ayant fait 3 lˢ je m'arrestai à Strasbourg pour y voir ce qu'il y a de remarquable.

Le 6, je vis Worms, disnai à la ville de Darmstadt et après 10 lˢ de marche, j'arrivai à Francfort où je passai les deux jours suivants pour voir la ville.

Le 9, je pris la poste pour Cologne... Le 11, j'arrivai de bon matin à Cologne... Je pris la poste pour Utrecht... Je demeurai le reste de l'année à Utrecht, et au mois d'août, je fis un voyage en Hollande pour y voir les principales villes : Amsterdam, Rotterdam, la Haye, Delft, Leiden, Harlem, etc. Je quittai Utrecht le 13ᵉ décembre, j'allai à Amsterdam pour me préparer au voyage des Indes Orientales que j'étais résolu de faire.

Le 30 décembre je partis d'Amsterdam pour me rendre à bord.

Le 1 janvier 1734, j'arrivai au Texel et le lendemain sur le vaisseau *Kerkwyk*, commandé par le capitaine Pierre Slays. C'était un bâtiment de 145 pieds de long, de 28 pièces de canons, monté par 153 mariniers et 89 militaires.

Le 17, le vent estant Nord-Est, nous mimes après midi à la voile en compagnie des vaisseaux d'Amsterdam : *Hilgom,* commandé par Jean Aalmis, command^r *Loosdregt,* capitaine Bastiaen Mol ; *Noordwolsbergen,* capitaine Pierre Perfeet ; seul pour la Chine, *Beckvliet,* capitaine Hoogeworst... et plusieurs autres pour l'Amérique.....

Le 3 février, de bon matin, la foudre tomba sur notre vaisseau le long du grand mat et blessa quelques soldats.

Le 10, nous passâmes le tropique du Cancer.

. . . .

Le 1 mai, nous ancrâmes sous la forteresse du cap de Bonne-Espérance dont le conseiller Jean de la Fontaine estoit gouverneur.....

Le 9 juillet, nous passâmes le tropique du Capricorne.

Le 28 juillet, nous arrivâmes à 3 h. de l'après-midi sous le chasteau de Batavia. Je fus aussitôt employé à la secrétairerie générale des Indes.

Le 10 mars 1735, mourut le gouverneur général Van Cloon.

Le 11e, à dix heures du matin, mon oncle le conseiller extraordinaire Abraham Patras, fut élu gouverneur général de toutes les Indes Orientales appartenant aux Provinces-Unies des Pays-Bas.

Le 17e mai, je fus élu clerc ordinaire de la secrétairerie générale.

Le 15 may 1736, je fus fait sous-marchand.

Le 30 août, le gouverneur général Patras ayant été confirmé par les seigneurs d'Europe, fut instalé devant le peuple avec les formalités ordinaires, et le 30° novembre suivant, la Haute régence me fit second administrateur de tous les magasins de fer. La dite régence m'accorda le 30 avril 1737, à la réquisition du général Patras, l'acte de majorité.

Le 3° may 1737, le gouverneur général Patras estant mort, je demeurai son héritier universel par son testament du 21 février de la même année.

Le 6°, il fut enterré avec toutes les formalités ordinaires.

Le 13 juin 1738, je fus élu second administrateur de tous les greniers de la Compagnie à Batavia.

Le 23 novembre suivant, j'espousai demoiselle Magdelaine-Adrienne Van Schinne, fille du conseiller ordinaire des Indes et président du conseil de Justice, M. Isaac Van Schinne et de demoiselle Ewerdine de Joode.

Je me trouvai en 1740 aux révolutions des Chinois et au massacre qui en fut fait le 9° octobre et jours suivants.

Le 6° décembre, le général Valkenier fit arrêter pour quelques disputes particulières et sans aucun fondement, les trois conseillers des Indes, Gustave Guillaume, baron d'Imhoff, Elie de Haese et Isaac Van Schinne, et les envoya en Europe par les premiers vaisseaux.

Le 16° décembre, j'obtins de la régence à ma demande, ma démission pour m'en retourner en Europe.

Le 12 janvier 1741, le général Valkenier ayant fait escorter les trois conseillers en arrest sur les vaisseaux qu'il leur avait assignés, scavoir le conseiller d'Imoff, sur l'*Adriechem*, le conseiller de Haese, sur *Nieuwkerk*, et le conseiller Van Schinne, sur *Watervliet*; je me rendis en même temps, à 7 heures du matin, avec ma femme à bord du vaisseau *Het hof van Delft*, capitaine Jean Bellineau ....

Le 20 septembre, nous arrivâmes heureusement en Goerée devant Helvoetsluys, j'arrivai le 24 septembre 1741, à Rotterdam, je fis mon séjour ordinaire à Rotterdam pendant une année.

Le 22 juin 1742, mon frère et son épouse arrivèrent de Grenoble par Paris; du 10 au 30 juillet, je fis avec lui un tour par les principales villes de Hollande, Delft, La Haye, Leyden, Harlem, Amsterdam, Utrecht, Gouda, etc., pour lui montrer ce qu'il y a de remarquable. Etant sur son départ pour retourner en France, je résolus de l'accompagner à Anvers.

Le 5 octobre, après avoir pris congé les uns des autres, mon frère partit pour Bruxelles et moy pour Rotterdam; le 26 du même mois je quittai Rotterdam pour m'aller établir à La Haye.

Le 22 septembre 1745, je fus élu avec unanimité de voix conseiller ou sénateur de la ville de Slooten en Frise, et l'après midi je fus mis sur la nomination pour être élu bourgmestre, et le 6e de novembre je fus reçu comme bourgmestre en suite de la lettre de S. A. S. Monseigneur le prince d'Orange et de Nassau.

Le 19 juillet 1746, je pris séance de la part de la province de Frise à la chambre des comptes de la généralité, ayant presté serment dans l'assemblée des Estats-généraux, en conséquence de la commission des Estats de Frise du 15ᵉ de ce mois.

Le 1 janvier 1748, je cessai d'estre bourgmestre de Slooten, mon tour estant expiré.

Le 22ᵉ, élu à la diète des Etats de la province de Frise pour cette année. Je partis pour la dite diète qui se tient à Leuwarden, de La Haye le 5 mars.

Le 11 février, je fus un des députés qui représentèrent la province de Frise pour tenir en baptême le prince héréditaire d'Orange et de Nassau qui fut baptisé le dit jour avec beaucoup de pompe et cérémonie et nommé Guillaume.

Le 22 janvier 1749, élu à la diète de Frise pour Slooten, de la part des conseillers.

Le dernier d'avril, ma commission à la Chambre des comptes estant expiré, je pris séance le 8 de may à l'assemblée des Estats-généraux des provinces unies, comme député extraordinaire de Frise, suivant la commission des estats de la province du 3ᵉ du mesme mois.

Le 22 janvier 1750, je fus élu à la diète de Frise, pour l'année 1750.

Le 30 juin, je fus député par les Estats-généraux avec un député pour la province de Hollande et un pour celle de Zélande, pour aller changer la magistrature et prendre les comptes dans les villes qui leur appartiennent en Flandres.

Le 1 janvier 1751, proclamé bourgmestre de la ville de Slooten.

14 mai, pris séance à la Chambre des comptes de la généralité.

1752, le 22 janvier, je fus élu de la part du magistrat de Slooten à la diète des Etats de Frise pour 1752.

Le 15 mai, je pris séance à l'assemblée des Etats-généraux comme député extraordinaire de Frise.

1753, janvier, je fus élu à la diète de Frise pour 1753.

1754, 22 janvier, élu à la diète de Frise pour 1759, de la part du magistrat de Slooten. »

Antoine Patras mourut à la Haye, le 5 avril 1764, dans le palais qu'il avait fait construire près de la Lange Voorhout, sans laisser d'enfant; il avait fait avec son épouse M. A. Van Schinnen (1) un testament réciproque daté du 24 juin 1745 dans lequel ils firent héritier universel Nicolas-Joseph Patras, à la condition qu'il payerait à M. Isaac Van Schinnen la somme de 200.000 florins hollandais.

IX. François de Patras de Langes, né à Grenoble le 26 juillet 1713, avocat au Parlement, conseiller maître en la chambre des comptes (Lettres du 10 avril 1739), en remplacement de Pierre-Pascal de Longpra (2), il épousa le 10 janvier 1735, Marie-Emilie Rosier de Linage, de l'Albenc, fille de feu Joseph Rosier de Linage, écuyer, sous-brigadier des gardes du corps et chevalier de St-Louis, et d'Emilie de Gumin, de la Murette, en présence de M⁵ Jullien, avo-

(1) Magdelaine-Adrienne Van Schinnen était fille de Isaac Van Schinnen, magistrat de la ville de Rotterdam, et de Everdine Jade ; elle fit quelques legs à son frère Isaac Van Schinnen et à ses sœurs Jeanne, Antoinette, Suzanne, Heverdine, Henriette.

(2) Il acheta cet office de Mme Elisabeth de Barrin, veuve de Pierre Pascal de Longpra, le 4 février 1739.

cat au Parlement et référendaire en la chancellerie, de sieur Daniel Maillefaud, bourgeois de l'Albenc; de Jean Dugua de Larrene; de Claude Bourron, maître tourneur. Il mourut le 19 août 1745, dans son hôtel de la rue Sainte-Claire, âgé de 32 ans (1); son épouse mourut le 13 novembre 1778, âgée de 60 ans (2); ils furent tous deux inhumés dans l'église de Sainte-Claire.

De cette union naquirent sept enfants, savoir :

1° Françoise-Emilie, née le 5 novembre 1735, religieuse au monastère des dames de Ste-Ursule de St-Marcellin, en 1765, mourut à Grenoble le 20 août 1781.

2° Claude-Antoine, né le 23 juin 1737, religieux de l'abbaye St-Antoine, en 1757, chevalier de l'ordre de Malte en 1788.

3° François, né le 5 septembre 1738, embrassa la carrière des armes et fut successivement cadet gentilhomme au régiment de la Reine, infanterie, 1754; lieutenant au même régiment, 1755, capitaine commandant, 1769; chevalier de St-Louis, 1780.

4° Joseph, né le 2 février 1741, mourut le 18 septembre 1749.

5° Antoinette, née à Meylan, le 8 septembre 1739, qui épousa, le 31 août 1758 Joseph de Garcin de Chatelard, conseiller au Parlement de Dauphiné, fils de Pierre-Hippolyte de Garcin, co-seigneur de

---

(1) Il habitait l'été son domaine de Meylan ; la maison de la rue Sainte-Claire fut vendue par Emilie Rosier de Linage, le 25 septembre 1770, à Benoit Morand, procureur au parlement, au prix de 24,000 livres.

(2) Elle avait testé le 15 juin 1767; à Grenoble, dans son hôtel de la rue Ste-Claire. (Archives de l'Isère. Série E. Famille Patras).

Seissins Seyssinet, et de Marianne Baudet de Beauregard (1).

6° Jean, né le 26 février 1742, mourut 17 jours après sa naissance.

7° Magdelaine-Adrienne-Antoinette, née le 16 mai 1743, mariée le 21 juillet 1783, à noble François Chrysostôme du Hattoy, capitaine au régiment de Bouillon, infanterie allemande, chevalier de St-Louis, fils de Jean-Baptiste du Hattoy, juge des droits de Sa Majesté impériale et royale au département de Chiny prévôt de la prévôté d'Etolle, habitant à Jarmoigne, et de Marie-Michel Thibault.

8° Nicolas-Joseph, qui suit.

X. NICOLAS-JOSEPH DE PATRAS, fils posthume, né à Grenoble le 8 janvier 1746, entra au service de la Hollande.

Il fut successivement :

Garde du corps de stathouder de Hollande, avril 1764.

Brigadier surnuméraire avec rang de lieutenant de cavalerie dans les gardes du stahouder, 8 février 1765.

Brigadier au rang de capitaine de cavalerie dans les gardes du stathouder, 21 mars 1766.

Exempt avec rang de major des gardes, 4 octobre 1768.

Guidon surnuméraire avec rang de lieutenant-colonel de cavalerie, demeurant à La Haye, 12 décembre 1770.

---

(1) Elle fut en 1781 la marraine de la cloche de l'église de Seyssinet. Voy. M. G. Vallier. *Inscriptions campanaires du département de l'Isère* n° 437.

Guidon des gardes du stathouder, 8 avril 1772.

Cornette avec rang de colonel de cavalerie des mêmes gardes, 9 mars 1775.

Mis à la retraite avec le grade de colonel des gardes du stathouder avec 4,000 livres de pension, le 9 octobre 1787, il revint habiter Grenoble (1), et s'unit, 1° le 26 juin 1796 à Pauline-Françoise Gallin de Mornas, fille de Louis Eymard Gallinet de Louise Baudet de Beauregard; 2° le 4 octobre 1809, à Sébastienne Anne-Gabrielle-Elisabeth de Vaujany, fille de Joseph-François de Vaujany et d'Elisabeth-Justine-Philippine de Rivière.

Nicolas-Joseph de Patras n'oublia pas sa ville natale car il fit don, en 1812, à la bibliothèque de Grenoble des objets suivants : un très beau manuscrit chinois, renferment les portraits d'Empereurs de la Chine avec lavis accompagnés de notes historiques et généalogiques; 2° un volume de prières en langue de Ceylan imprimé, en caractères du pays, à Colombo en 1737, in-8°; 3° une plaque d'or ovale relative à la mort d'Ab. Patras; 4° un arc, un carquois et des flèches d'origine indienne. Il mourut le 5 décembre 1815, son tombeau, au cimetière de Grenoble, porte l'inscription suivante : *Ici repose Nicolas Patras, ancien colonel de cavalerie, âgé de septante un ans, décédé le 5 décembre 1815, il fut regretté de ses amis.*

Nicolas-Joseph Patras avait eu, de sa première union, une fille unique nommée Louise-Laure de Patras, née le 15 janvier 1799, mariée le 25 novembre 1818, à M. le baron Antoine-Joseph-Frédéric Chovet

---

(1) Il habitait rue Neuve, 73, en 1815.

de la Chance, chef d'escadron des cuirassiers de Berry (4ᵐᵉ régiment), chevalier des ordres royaux et militaires de Saint-Louis, et de la Légion d'honneur, qui mourut le 26 février 1843 laissant un fils et trois filles :

1° Marie-Elisabeth, mariée à M. Gardon de Calamand, elle mourut le 16 janvier 1865, à l'âge de 46 ans.

2° Marie-Augustine, s'unit au baron Louis de Buttet, officier de Novare, cavalerie.

3° Alphonsine-Eugénie, épousa en 1846 : 1° Maurice-Eugène-Louis Capré, comte de Méjèves, officier de cavalerie, en Piémont ; 2° le 14 février 1860, le chevalier d'Anières de Gantelet.

4° Louis-Albéric, baron Chovet de la Chance (1), né à Grenoble le 19 décembre 1833.

ARMES : *D'azur à l'aigle éployé d'argent, au chef cousu de gueules chargé de trois étoiles d'or à six rais. Le tout, timbré d'un casque accosté de demi vols d'argent surmonté d'une étoile d'or à six rais et orné de lambrequins* (2).

Armes des PATRAS de Langes : *écartelé au 1ᵉʳ d'or au lion de sable, au chef de gueules chargé de trois coquilles d'argent (qui est Brunel) ; au 2ᵉ de gueules à la*

---

(1) Nous sommes heureux d'offrir ici nos remerciments à M. le baron de la Chance, dernier représentant de la famille de Patras, qui a bien voulu mettre à notre disposition un curieux manuscrit concernant la famille de Patras.

(2) M. de Rivoire de la Batie, dans son *Armorial du Dauphiné*, commet une erreur en donnant aux Patras les armes de la famille Tholosan, d'Embrun.

fasce d'argent, accompagnée, en chef, de trois plumes d'or au naturel, posées en pal (qui est Blusset); au 3ᵉ, d'azur, au chevron d'or, accompagné de trois roses d'argent (qui est Rosier); au 4ᵉ, d'azur au chevron éclaté d'or, accompagné de trois étoiles d'argent (qui est Blanluz), et sur le tout d'azur à l'aigle éployé d'argent, au chef cousu de gueules chargé de trois étoiles d'or (qui est de Patras), le tout timbré d'un casque ailé, surmonté d'une étoile d'or à cinq rais. Supports : deux lions.

www.ingramcontent.com/pod-product-compliance
Lightning Source LLC
LaVergne TN
LVHW021733080426
835510LV00010B/1236